VORWORT

Nach 2 1/2 Jahren wieder ein ISBN-Buch... Im Endeffekt eine Fortsetzung aus den damaligen 7 2017er-ISBN-Büchern. Erinnerungen, "Break" durch Schlaganfall, Musik, Tagebuch - wie immer... Diese 7 Bücher waren DAVOR - "Music Was My First Love" war nur wenige Tage vor dem Schlaganfall. Nun eben DANACH... Es ist schwirig das Momentum hinzukriegen. Vor 1 Jahr oder 8 Monate oder 6 Monate sind die jeweiligen Ist-Gedanken in dieser Zeitoase. Da ist ein Foto in diesem Buch mit "Gefühle sind scheiße". Im November 2018.... Heute jetzt anders... Also, die Feelings dann doch anders als DAVOR, aber kein "Robotermensch"... Wer weiß?! In 6 Monate es dann doch wieder?! Neue Entwicklungen IMMER seit dem "Break". Wer weiß, was diesmal die Entwicklung mit mir treibt :-D Wie soll ich das HEUTE schreiben? Ich mach´s, damit ich die Dokumentations-Fragmente verewige... Glaub ich...

Steckbrief in meiner fb-Chronik:

Kampf, Mut, Wille, Disziplin, Stärke, Zuversicht, Gelassenheit, Demut, Harmonie, Liebe

KAPITEL 1

Aus dem no-isbn-Theraphiebuch "Eine seltsame Geschichte" (wie jedesmal diverser 2018er no-isbn Bücher- Theraphiebücher - wie z.B. "Das Eichhörnchen aus der Dimension", "The Best of", "Rust Never Sleeps", "Zeitfacetten und Hirnreisen I & II" etc)

Im Original mit ein Rechtschreib und Grammatikfehler u.ä. Sollte so sein...

Es gäbe so viele Säcke voll Erinnerungen... Beim schlafen gehen nachts, immer wieder Erinnerungen. Durch Querverweise, Sugessionen... Aufeinmal KL 1970 - 1972, Emilsruhe, Samstagnachmittags Fußbsall im Hinterhofrasen, ale Fenster voller Eltern... Ich sag mal nur... blamieren... Ich hab immer diese Aura gehabt von damals. Ein Ständchen aus den 70ern ist "denkmalmäßig" da - fotografiert. In diesem Hinterhofrasen fotografiert, im Hirnkino alles passiert. Leider viel KL-Fotos nicht mehr da (Aderlasse 2014, wenigstens bisschen Emilsruhe und KL-Ost in meinen OK-KL-Shows SMOKE... Paralellstraße von der Emilsruhe war für mich Inspiration zur Prosa ZEIT (veröffentlicht im KL-Wochenblatt 2011 oder 12). Ich erinnere mich an Vater (Arm in Arm abends aus dem Schularbeitszirkel zum Auto - ich weiß noch genau, wie ich drauf war (ca 70-72...). Apropo Schularbeitszirkel: GRACE OHNESORGE!!!! Bei den "Fotosafaris" bei Kegelclub, damals als "Gast" hatte ich mitgekegelt. Ist irgendwie immer "Amarillo" (Tony Christie) dabei, Feuer gabs auch mal, Fahrradprüfung in der Schule durch die Straße (!), Betze mit Vater, desweiteren... In diesem Alter waren ca 2 Jahre nur, aber ich bin da in meinem Hirn eingenistet. Das waren schöne Erlebnisse (oder auch nicht, lach). Dies MUSS vorbei sein, 100000 weitere Erlebnisse vorbei sein! MEINE ZUKUNFT IST MEIN POSITIVES ZIEL! Ich durfte erleben! Klar: DIESE Aura z.B. von KL 70-72, in 2o oder 30 Jahren kann das kein Mensch mehr nachfühlen - obwohl es in der Emilsruhe so ist wie damals... ABER ES GEHT UM MEINE POSITIVE ZUKUNFT MIT LEBENSPOWER!

PS von "Das letzte Kapitel": (06.01.19)

Genaustens Erinnerungen von Alzey mit Gesichter, Zimmer, "Dorf", als wenn es vor 1 Minute wäre!

Das "Badezimmer", in der Mitte des Zimmers rechts die "Badewanne", in der Mitte der Wanne Sitz, der Pfleger hat mich dann geduscht, ich weiß noch wo und wie ich mit dem Handtuch geschrubbt wurde. Das 1.mal mit der sehr jungen Pflegerin, da weigerte ich! Der Pxxx... Damals entwürdigend, aber der Pfleger war cool. Die letzte Worte von Alzey war "Tschüss" von ihm, als ich gerade im Kranken"taxi" reinkam. Die Stimme hab ich noch im Kopf. Irgendwie alles im Kopf von Alzey.

Diverse Worte aus den Büchern von Alzey, dann noch dies: ich schrieb ja aus dem Stuhl vom "Türsteher". Links wie gesagt die Patientenzimmer plus Ergo (gleich links), plus Gäste-WC, Behinderten-WC, plus Speisesaal - in der Reihenfolge, linke Seite, rechte Seite Zimmer. Geradeaus die Theas: Links als Erstes Psychiater: im Zimmer gleich links mit PC mit der kleinen Süßen :-D Später Logo: Schreibtisch, links Rheinhessisch-Sprüche, geradeaus Fenster, links von mir logo. Zur Tür Kalender. Da hat er gemeint, ja in 2 wochen, beruhigend, und es kam später.. Er war aber wirklich cool. Er war positiv amüsiert, als er uns getroffen hat und wunderte sich, wie mir 3 "Sprachfehler" gesprochen hatten: Queen, Kollegin und ich, viele Dialoge. Kollegin im Bett, rechts Queen, vor mir dann ich. Da ist soo viel... Zimmer überhaupt: 2 Betten, in der Mitte mit Sauberartikel, Zahnpasta, Rasier, desweiteren. Auf dem Schrank immer Wasser und Wochenplan mit "Tageszahlen". Und noch Wasserbecken und Spiegel für rasieren, desweiteren. Am Anfang Nr. 6, später mit Herr Schwarz (öfters nachts die Pflegerinnen bei ihm, war schwerhörig und immer TV mit Spruchbänder). Und "Der Spiegel" mit Schwarz und die Ehefrau. Er kam kurz vor Schluss fort: Glatzkopf, Rollstuhl. Behinderten-WC: ich dann natürlich hilfsbereit und hab der Queen im Rollstuhl geholfen. Sie zum WC und dieses Lächeln, diese Augen, mein Gott!!! Ich weiß noch, am Anfang, Quaratntäner in den ersten Tagen, bin ich im Kuckucksnest..., der Ergo (später Schach...) kam mit Essen, ich Hunger, er beobachtete mit Messer und Gabel, und dann wieder weg - mit Essen. Gleich rumgekrakelt mit Miobrief, ich bin im Gefängnis, Freiheit...

Aber nie geschickt... Schach-Ergo: am Anfang gleich rechts in der Ecke, später in der Zimmermitte mit Schachtisch, links Fenster im Zimmermitte-Schachtisch. Oberer Stockwerk mit Physio und PhysioLehrling mit PC-Games mit z.B. Aufzug-Game (Aufmerksamkeiten): links... Mit BalanceGames und BalanceSchritttritte.

Und dann Orientierungsmärsche... Die letzten Tage waren Power, weil der Arzt meinte, ich komm weg! Aber die ganzen Schritte, diese Übungen, das das noch gecheckt wird, z.B. Orientierungen... Ich weiß noch genau, wo was ist... Links geradeaus, rechts Kantine, rechts Baumecke mit hängematten, Seile, rechts runter die Straße und am Schluss links mit der PsychologieLocation. Vorher "rechts runter" ist Turnhalle, bisschen rechts mit Sportplatz. Nach Psychologielocation links ab, geradeaus mit Tierkoppel, am Schluss rechts mit Tierhaus. In de rStraße dann links mit Panorama mit Alzey und flache Felder. Dann Rundgang weiter Richtung Klinik. Da war noch das geile Tiergehege. Mit Bank zum Chillen (durch den Pfleger) und die andere Seite für Fotos (Physiolehrling). Es gibt diverse Richtungen zum Tiergehege es ist quasi in der Mitte. Ach ja, links aus der Klinik mit großes Schachspiel. Von der Klinik runter die Straße und dann links zum Gehege. Ach ja, und Richtung Psychologielocation gehts auch runter.

Die polnische Pflegerin (morgens, aufgewacht und sie hat leicht ihre großen Brüste mich berührt - der Tag war dann schön) war wirklich so schön, ich weiß noch, wie sie gekleidet war, Stiefel, Powerarsch, aaaah :-D Dann die Speisesaal-Frau (auch polnisch), ich hab sie umarmt am letzten Tag, Oder die Pflegerin mit dunklen Augen wegen rasieren: "Herr Steinkönig, rasieren"... Oje und dann noch die Visite! Ich voller ERwartungsfroh und nix war. Der Patient hat im Gehirn das und das... Bin ich jetzt ewig?? Dann traurig ins Bett. Aufeinmal rollen... "Kegeln" für alle, ich trottete dann dazu. Ich hab alles im Kopf! Und alles im Kopf durch die Queen!!!!!!!!!!!!!! Zimmer mit S.K. und Kollegin und ich... Kollegin Bett, in der Mitte zwischen den Betten Queen und ich und TVmit ARD-Quiz... Da war auch Telefonnummer, Queen hat sogar mein Phone den Sohn angerufen. Am letzten Abend in ihr Bett die Kleidung vorbereitet und... Scheiße, es war der letzte Abend und ich wusste es nicht...

Die weiteren Alzey-Geschichten in den Büchern und dann dieses, aber es waren tatsächlich nur ca 5 Wochen, vieleicht 6, das war alles - und es war ewig... Ach so ja: der Park, war auch Rundgang, viel Bäume, Rasen, Bänke. Ging nicht von klinikausgang sondern ein Stockwerk tiefer, von da aus zum Park und zum Orientierungsmarsch... Ja, ich weiß, die Zimmer, die Gänge. Und die Hundetheraphie, und das Singen und... Ach ja, das noch: am Ende des Theraphiegangs (geradeaus von "Türsteherplatz") war zum 1. mal mit mir mit Physiokraft: Bälle fangen. Ich lustlos, sie Power in mein Gesicht und dann hatte ich auch Lust... Patientenzimmergang war meistens vormittags mit Radfahren, Klettergerüst, desweitern. Hackerchen im Speisesaal mit Physiolehrling (von der Tür geradeasu links oben am Fenster), Kreuzworträtsel, Memory... im Speisesaal, oder Wochenende - auch in Bergzabern, ich hatte nie Besuche in Alzey (2x Mutter), die hatten ihre Familie und ich hab Fernsehen z.b. im speisesaal gesehen und dann kamen die Besuche... Apropo Besuch: die queen mit Sohn... Hatte ich gar nicht gewusst, ich halt Knigge und wollte nicht rumlabern. Im Endeffekt dann doch, vielleicht... Aber es bringt ja nichts... Und dann noch der Park - bei Umzäunung in Knast-Raucherecke: die Türkin - immer geraucht und Internet.. Und die Pflegerinnen auch.... Da hab ich (damals...) als Beruhigung leicht gerochen... Und ich bin hin und her gelaufen mit Denkerei und die Sonne! In die Sonne geblinzelt: gelbe Lebensaft! Lebenssonne!

War jetzt über 1 Stunde, einfach runtergekritzelt, aus der Seele raus, und wie gesagt: Das Eichhörnchen aus der Dimension-Buch, Zeitfacetten & Hirnreisen I & II-Buch, desweiteren mit der Queen (S.K.), die Fragment-Tagebücher, die 30 Lebensalben... Und immer im Bett geschrieben (bei Begzabern auch), aber auch immer wieder am Tisch mit der Türsteher-Stuhlecke: Logo-Wochenendhausaufgabe - hab ich noch (Logovertreterin in den letzten Wochen), Kreuzworträtsel, Buch lesen (Nele Neuhaus), die Lebensalben dann auch, desweiteren... Fragment-Fotos mit "Türsteher", Knastraucherecke, Gänge, Eichhörnchenbaum...

07.01.18: Sitzordnung im Kopf mit "Mensch ärgere dich nicht" mit Queen of Menschärgere dich nicht... Hatte ich ihr gesagt... Physio hatte mich gelobt... SIE HAT ERSTMALS GELACHT... Beim Frühstück, sie rollt in den Speisesaal, und wieder gelacht: sie patscht mit dem rollstuhl auf den Türpfosten - von mir aus gesehen links... Ich hab so viele Erlebnisse... Ach ja: DIESEN ABEND!! Rechts Queen´s Kleiderschrank... Links das Bett... Vorbereitung von Kleidung... Ich hab ihr geholfen mit Kleiderschrank.. Was wohin.. Sie bisschen zicking... Wir beide in UNSERER Hirnebene... Wie kann ich das beschreiben... Ich habs auf jeden Fall forever in meinem Hirn!!

Und nachts um 2 aufeinmal die Queen im Kopf, ihr Gesi cht, IHRE STIMME!! Mein rotes Zöpfchen!

KAPITEL 2

RUST NEVER SLEEPS

SUCHE NACH LEBEN MIT MUSIKALBEN

INHALT

30 LEBENSALBEN (2017/2018)

DIVERSE LEBENSALBEN MIT WORTEN UND FACETTEN

44 EMPFEHLENSWERTEN LPs 1983

DIVERSE WORTE ZU DEN 44 LPs

WORTE von 12 SONGS, MOMENTUMS, BABYLON BERLIN

Im Oktober 2017 hatte ich im Kopf das Konzept mit diesen 2 Listen. Endlich hab ich´s geschafft (vorher aber diverse Theraphieschreibereien wie "Das Eichhörnchen aus der Dimension"…)

ROST SCHLÄFT NIE!!!

———

Es war alles gut - aber 3 kleine "Druckfehler". Ich konnte PDF auf Word zurückbeamen. Nun sind die Listen leider nicht akurat… Was soll´s, es darf so sein! Die Albenlisten sind trotzdem lesbar. Ach, ääh, die 3-Fehler hab ich ausgemerzt… (24. Okt. 2018)

———

DAS UNTERSCHÄTZESTE ALBUM DER ROCKGESCHICHTE

SWEET FANNY ADAMS - (THE) SWEET / April 1974

Teenagerzeit mit Bravo, Schule, Kumpels aus Schwedelbach. Sweet (damals mit "The"…) hatten immer die "Ferien-Singles" mit Teenage Rampage, Ballroom Blitz, Hell Raiser, Wig Wam Bam usw. Sweet wollten Hardrock - die Komponisten/Produzenten wollten Glam als

"WEIßES ALBUM" (The Beatles)

Ca 1975 oder 1976 habe ich das "Weiße Album" der Beatles gekauft. Diese 4 legendären Fotos. Im alten Plattenschrank der Eltern gespielt. "Revolution No. 9" war wow, was ist denn das. Ich weiß noch, wie Vater meinte, was das soll, das wäre doch alt... Heute ist Wikipedia... - mit den Musiken (Stand 1968) aus dem 20. Jahrhundert von Hardrock, Blues, Balladen, Ragtime, Folk, Country.... Meine Eltern haben das nie geschnallt: ein Gemälde ist
auch in 200 Jahren ein Sinngenuss, aber diese komischen, langhaarigen Rockmusiker? Songs für die Ewigkeit im Sinngenuss aus dem "Weißen Album" z.B. "While My Guitar Gently Weeps", "Happiness Is A Warm Gun" oder "Dear Prudence".

THE DARK SIDE OF THE MOON (Pink Floyd)

Das Überalbum des Autors!! 1973 war ich Teenager mit "Bravo", The Sweet, Suzi Quatro, Slade, T. Rex... Bisschen Deep Purple und natürlich The Beatles... Ja klar: ZDF-Hitparade!
1973 veröffentlichte das Jahrhundertalbum "The Dark Side Of The Moon". Ich hab nix mitbekommen. 1975 oder 1976 war ich in der Handelsschule bei meinem Aushilfs-Englischlehrer: Plattenspieler, Dark Side, "Time" gehört, Text besprochen und übersetzt Ein famoser Text! Und diese Musik! WOOOOW!!!!! Musique concrete, inneinander

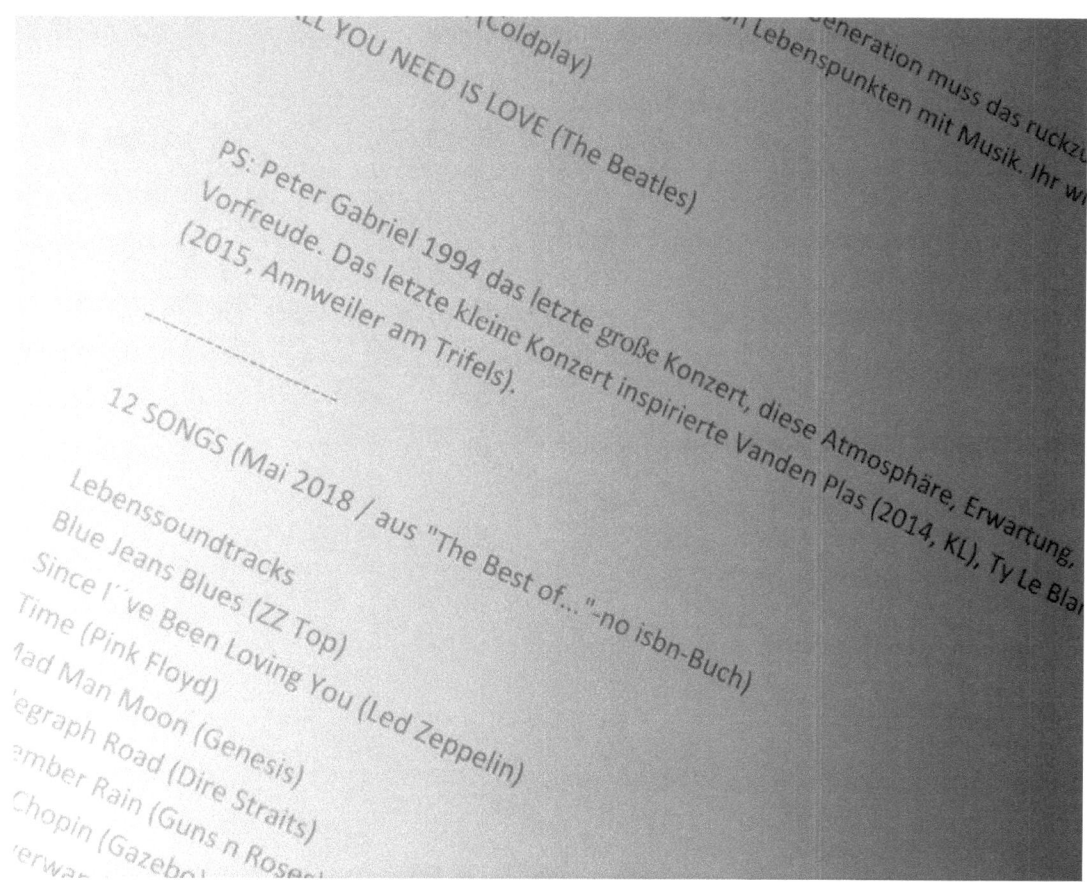

Aus der fb-Gruppe FARBIGE ZUKUNFT - TAGEBUCH

7. September 2018

In der Klinik Alzey hatte ich - neben meinem "Tagebuch" - eine Liste von 30 Alben! NUR EINE Band! Theraphie im Gehirn... Beispiel: meine 3 Lieblingsbands Genesis, Pink Floyd, The Beatles, d.h. gegebenenfalls Genesis mit Selling England By The Pound, Foxtrot, A Trick Of The Tail, Wind & Wuthering, and then there were three und und und... ABER NUR EINE! Übrigens: Es ist das Genesis-Album The Lamb Lies Down On Broadway (1974). Das war im Oktober 2017 in Alzey. Handynotiz verschollen, im Kopf das Fragment... Pi mal Daumen meine 30 LEBENSALBEN!! Music Was My First Love... Übrigens: grandiose Songs fallen weg, weil halt DIESE Alben da sind oder "nur" große Songs sind, d.h. Bette Davis Eyes (Kim Carnes), If You Leave Me Now (Chicago) oder Teardrop (Massive Attack feat. Liz Fraser) und und...

JETZT ABER DIE 30 LEBENSALBEN VON GERD STEINKOENIG

The Lamb Lies Down On Broadway (Genesis)

The Dark Side Of The Moon (Pink Floyd)

The Beatles "Weißes Album" (The Beatles)

Rust Never Sleeps (Neil Young)

Ballhaus Pompös (Udo Lindenberg)

Nina Hagen Band (Nina Hagen Band)

Zwesche Salzjebäck un Bier (BAP)

Ghost In the Machine (The Police)

Brothers In Arms (Dire Straits)

Heroes (David Bowie)

Songs In the Key Of Life (Stevie Wonder)

Thriller (Michael Jackson)

Like A Prayer (Madonna)

Woodstock-Soundtrack (Original-Vinyl 1970, Live war 1969)

Nevermind (Nirvana)

Use Your Illussion 1 & 2 (Guns n Roses)

Made In Japan (Deep Purple)

The Song Remains The Same (Led Zeppelin)

Red Skies Over Paradise (Fischer Z)

Piktors Verwandlungen (Anyone´s Daughter)

Caverna Magica (Andreas Vollenweider)

Watch (Manfred Mann´s Eartband)

Crime Of The Century (Supertramp)

A Night At The Opera (Queen)

Rumoiurs (Fleetwood Mac)

Diamond Life (Sade)

The Kick Inside (Kate Bush)

Highway To Hell (AC/DC)

The Joshua Tree (U 2)

Legend (Bob Marley)

Wow - kein The Doors, Cream, Metallica, Annie Lennox, Janis Joplin, Prince, Bruce Springsteen und und… Sind halt nuur 30! Ziemlich 90 % hatte ich aber heute geschrieben vom damaligen Oktober 2017 - in den ersten Wochen im Schlaganfall. Immer gelaufen, Gabel in der Hand gehalten, geschrieben…

C P Gerd Steinkoenig 07.09.2018 / LEBENSALBEN

26.07.18

Die Zeitlinie war in der göttlichen Episode für unseren Kokon. Sie lacht und hat ihren Partner mit Unterhaltung. Ich bin frei aus meiner Höhle mit einer Partnerin mit Unterhaltung. Für gut eine Woche haben wir die eine Ebene. Dann war es vorbei. Zeitoase, Erinnerungsmosaik in der Schlaganfallblase. In 3 Monate, vor 4 Monate von ihr in ihrer Erinnerung. Vielleicht denkt sie nie mehr. Vielleicht Suche eingestellt von mir. Aber in ihrem Leben, in ihrem Gehirn, ist eine bleibende EbeneWoche mit mir in der klitzekleine Synapse. Es macht keinen Sinn: was war am Dezember, am Januar? Was hat sie gedacht? Hat sie selbst vergessen durch Hirntunnel? Sie hat ihre heute und morgen-Logik mit Zukunft. Das möchte ich auch. Es ist verrückt, das ich ein Zwiegespräch habe mit ihr, dabei bin ich in der vergessenen Erinnerung... Es hat keinen Sinn von mir mit: wenn sie wüsste, hab ich durch meine momentanen Gedanken dabei ihre Gedanken momentan von mir gehabt, unsere/meine Erinnerungen von Puzzle bis Zimmer und ihr Augenmomentum bei der Toilettentür usw... Meine Gesundheit mit positivem Ego, Genuss meines Lebens - will sie auch... Sie ist ein Menschenfreund. Das war im November 2017, was sie jetzt wohl dachte, wo ich eben in ihrer Schlaganfallebene im Zeitmomentum war, nun ist es Juli 2018! Trotzdem: sie ist ein Menschenfreund mit Positivität. Daher: vielleicht, das sie selbst auch dachte - diese göttliche Zeitlinie-Episode! Das bringt nichts mit Spekulationen, aber wenn ich z.B. im Sommerfest 2019 von der Klinik besuchen würde - und sie da wäre - würde sie dann doch freuen. Obwohl ca 9 Monaten, obwohl seit Zeiteinheiten nix mehr von mir, weil ich sie einfach kenne. Diese Worte, wie ich es suche - und ich muss mein Leben positiv, neugierig und fröhlich genießen. Das menschliche Gehirn ist der Wahnsinn!

29.07.18

Wochenende mit Vorfreude und Enthusiasmus - mittlerweile Langeweile und Gedanken... Richard-Löwenherz-Fest übers Wochenende. War 2015 das Erstemal, diesmal nix. Ist ja um die Ecke! Im Endeffekt egal, weil ist sowieso Abzockerei. Aber die Zeiten... Es ist anders.

Hab ich keine Entmündigung, weil die Mutter sagt: Geh zum Friseur? Natürlich zum Friseur! Keine Entmündigung!

Haben die Psychologin und die Mutter die Zusammenarbeit? Ich bin ja nuuur 58!

Gefühle hab ich kein Bock! Zu viel Gefühle wegen der Queen, zu viel Gefühle wegen meiner "seit Sept 17"-Zeit, zu viele Gefühlsgedanken wegen Erinnerungen!

Ich habe Bedürfnisse und die anderen Menschen machen, was gemacht wird. Mit Mainstream mit anformen und die Stromlinienförmigkeit.

Außen vor! Ich bin außen vor! Ziele und Pläne, ganz klar!! Aber was kann ich tun? Meine Freiheit und Unabhängigkeit ist mein Evangelium - die Queen würde das auch tun! Ich weiß, es ist verrückt, aber es ist so... Auf jeden Fall ist Ziel und Plan die Nr.1. Die Psychologin, die Anwältin, die Mutter, ich bin der Gefangene. Ich bin der Gefangene auch durch mein Gehirn. Ich bin die Knetmasse. Am Besten durch Geduld, das ich die PsychoKnetmasse für mich hinkriege, das ich das neue Leben bin mit MEINER Freiheit!

Die Psychologin ist geil! Aufopfernd, hilfsbereit! Echt! Aber das BRD-System mit meiner Anwältin etc, machen was sie wollen! Ich bin selbstbewusst! Freiheit! Aber momentan hab ich Fesseln!

10.08.18

Die Zusammenhänge zwischen Fußball und Gerd Steinkoenig :-D

1954 ist 5 Jahre vorher...1974 war dann der WM-Titel: langhaarige Fußballer, langhaarige Zuschauer, und mit mir der Hauptschulabschluss, Anfang von der Handelsschule, also positiv! Später mit Mittlere Reife, gelungene Lehre, Bundeswehr usw. 2 Jahre nach München 1972, 1 Jahr nach "The Dark Side Of The Moon" (Pink Floyd) und 1974 mit "The Lamb Lies Down On Broadway" (Genesis). 1974 natürlich nix, das war ca 1976 mit meinem Beginn der Plattensammlung. 1974 war The Sweet, Slade, Deep Purple, George McCrae, Les Humphries Singers und so... The Beatles bin ich auch 1974 eine Faszination! Auch 73... Auf jeden Fall: WM-Titel 74, positiv 1974 mit Hauptschulabschluss und Handelsschule (Mittlere Reife). 1990 war dann der WM-Titel: italienische Deutsche durch die Serie A beim Gastgeber Italien... Heimspiel! Meine Verlobte im Lebensabschnitt 1990! Zu dieser Zeit und 1 Jahr später war eine gelungene Zweisankeit. Na ja, nochmal später war nix. Aber 1990 wars positiv: WM-Titel! Verlobte! 2014 (WM-Titel!) war ein Jahrhundertsommer (1976, 2003, 2005 sind so spontan in den Sinn), 2014 eine "Lebensliebe" kennengelernt. Brazil vs Germany 1:7!!! Das hab ich gesehen, als Ablenkung von der "Lebensliebe" nach einem Telefonat... Das WM-Finale 2014 hab ich NICHT GESEHEN!!! Natürlich bei "LL", da gabs kein TV... DAS ist Liebe, lach :-D 2018 Vorrunden-WM-Aus, das schlechteste im History!! Nach dem "Break"... Überhaupt: durch mich und Vater: HSV erstmals keine Bundesliga, FCK in der Dritten Liga (!!!!!!) und eben WM 2018-Aus. Ja, Vater und ich: Bundesliga uffm Betze mit dem FCK, war ca 1969-1972, gegen Bayern, Gladbach, Braunschweig... Und das legendäre Jahrhundert-BL-Spiel: FCK - Bayern 7:4!!! Ich hab - wie immer samstags in den 70ern - Badewanne gemacht und Kofferradio mit der Konferenz. Aus 1:4 wird 7:4 mit BayernSpieler Beckenbauer, Müller, Breitner... Das war soviel: FCK - Real 5:0 (die höchste Real-Niederlage im Europacup!), Deutscher Meister 1991 und 1998 beim FCK, Europameister 1980 mit Briegel (damals mit den Rodenbacher Kumpels und Tausende Menschen!), einfach Fan - neben FCK - Liverpool FC, Schalke, BVB, Barca, Juve...

11. August 2018

4 Collagen mit einer Session, 1 Woche vor dem Schlaganfall... Interessant, WAS da war...Die letzten Tage.... Fehlender Sauerstoff auf der einen Hirnhälfte? Anders bei Gesprächen? Die Fotos sind ähnlich, wie gut 2 Monate bei der Fotosession in der Klinik Bergzabern. Zufall? Ähnlichkeit? Ende September/Anfang Oktober 2017 (KH Landau) war Nirwana, naturstoned, Raumschiff mit gelbroter Sonne und Wolkenritt. Und sprudelnde Brunnen mit lachen und gut gelaunt träumen - da merkte ich... Na ja, es sprudelte... Instinkt und Ego sind seit diesen Tagen mein Weg. Menschenkenntnis, Menschenbeobachtung ist nun besser wie davor... Gehirnvertrauen, körpervertrauen - auch das muss positiv mit neugieriger Zukunft klappen. Neue Selbstkenntnisse in der bestimmmten Klinik AZ mit Bett inkl Traumkokon in die Mitte der Erde, "duschen" ohne Intimität. Frei wie ein Vogelschwarm, ein Eichhörnchen sprach mit mir... Im Nachhinein war diese bestimmte Klinik richtig geil! Die letzten Wochen waren richtig schön. Aber in DIESEM Momentum waren die 5 Wochen für mich 1000 Jahre!!!!
Foto: 18. und 19.Sept. 2017 in Landau (Pfalz) und Annweiler am Trifels, C P Gerd Steinkoenig

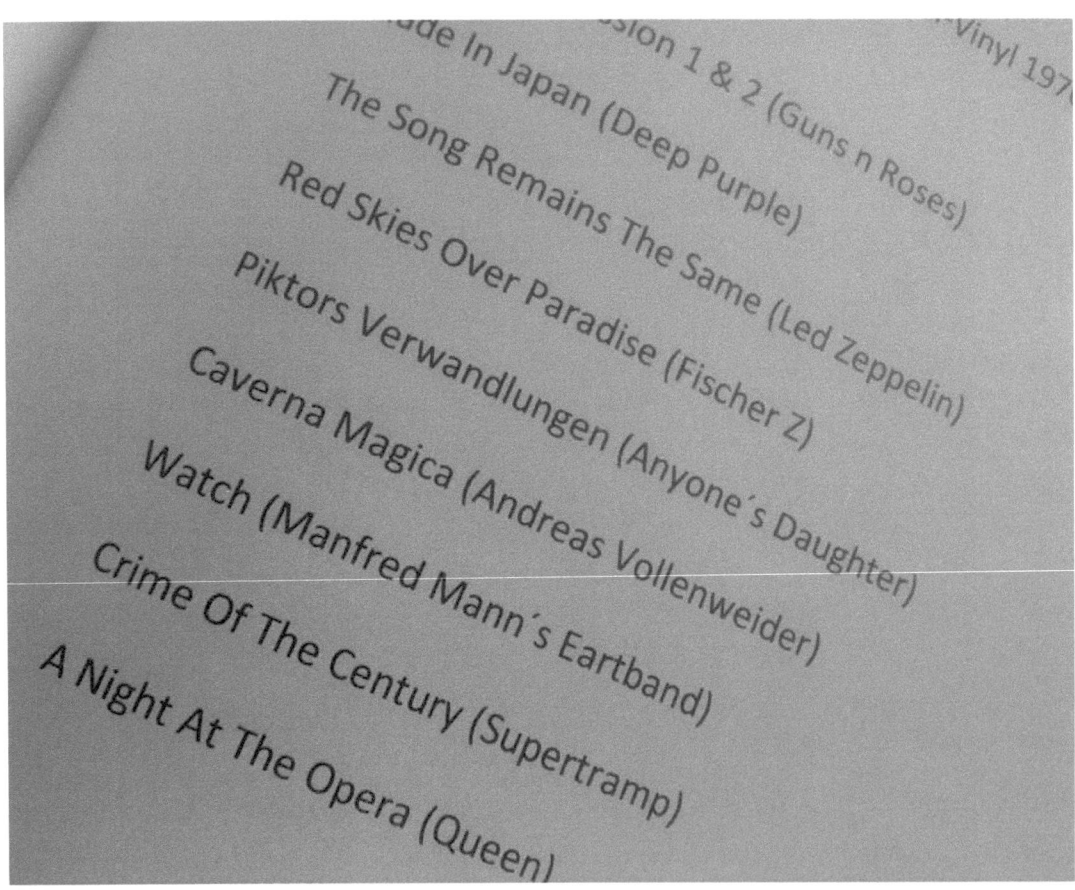

2018 Lindl nicht. Natürlich: Gummigang, Eierlikör-Gemälde, "Ich mach mein Ding", aber die Zeitoase mit "Ballhaus Pompös", das gibts nicht mehr...

RED SKIES OVER PARADISE (Fischer Z)

Völlig unbekannt! Aber in Deutschland war diese eine LP ein Verkaufserfolg: "Marlies", "Berlin". Im Flash (K-Town) war an der Wand professionell schön das geile Albumcover gezeichnet! Das Konzert (Vorprogramm: The Sound) von Fischer Z im Flash war aus Mannheim hergefahren - damals frühere Heimat... Überhaupt Mannheim und Konzerte: war supertoll durch Monnem, Heidelberg, Ludwigshafen, Udo Lindenberg, Marillion, U 2 usw aus dieser Zeit. Vorher und nachher mit Jethro Tull, Neil Young, Stevie Wonder usw. Aus K-Town neben Fischer Z mit BAP, Status Quo, Anyone´s Daughter.... Ja, und dann die Umsonst- und Draußen-Festivals, z.B. Bernie´s Autobahnband, Cpt. Sperrmüll, Zweistein usw. In Monnem hab ich mit Bernie´s Autobahnband backstage nach dem Konzert (Alte Feuerwache) Bier gesoffen, lach. Die Autogramme hab ich heute noch :-D Das ultimative Konzert: Tribute! Sogar der Song "Rockenhausen" veröffentlichte durch dieses Konzert! Das war Musik plus Woodstock plus Paradies, WOOOW!!! Mehr dazu im Buch des Autors "Liebe ist alles"! Irgendwo in meinen Büchern müsste alle Konzerte dabei sein, lach. Helen Schneider, Spliff, Blue Öyster Cult, Manfred Mann´s Earthband...

THE JOSHUA TREE (U 2)

Ein großes Album der 1980er! Mit der LP waren perfekte Songs. Das war doch erst - 31 Jahre alt!! Überhaupt diese Alben mit 50. oder 40. Jubiläum

HEROES (DAVID BOWIE)

Eines seiner Berlin-Trilogie. Der Titelsong ist ein Zeitdokument von Mauer, geteilte Stadt, Stacheldraht. "Sense Of Doubt" ist für mich der Soundtrack des 70er/80er-Berlin. Suggesion

mit dem Film "Christiane F. - Wir Kinder vom Bahnhof Zoo".

BROTHERS IN ARMS (DIRE STRAITS)

Mainstreamigster Mainsttream - aber megageil!!! Jede Sammlung hat die "Brothers In Arms". Legendär der Song aus der TV-Serie "Miami Vice". "Love Over Gold" ist auch ne gute LP.

THE KICK INSIDE (KATE BUSH)

Die Nummer 1 aller Nummer 1! SIE ist MEINE Sängerin! "The Kick Inside" war eine Traumfee, war so schön (und rothaarig, mmmmh). "Hounds Of Love" ist auch geil! Aus der LP "Lionheart" ist mein Lieblingssong von Kate: "Hammer Horror"! Grandioses Video! David Gilmour (Pink Floyd) war der Mentor. Sie hatte 1 Jahr Zeit (!) und dann die Debutplatte "The Kick Inside" aufgenommen. Ging ja heute gar nicht mehr, aber damals war das normal...

...ist noch nichts passiert, naive L... und Liebe, das wird erst in 20 Jahren oder so... Mit Zeitinseln ist klar, mit den Augen geöffnet. Die Gedanken öffnen mit Türe lebenswerten Tage voller GENIEßEN. Den Sonnenaufgang GENIEßEN!

2017 ist DAS Jahr - mein verstorbener Vater, Mobbing eines Jobs, Schlag den Gerdsche...Priorität = positive Energie!

2017 = 30 Jahre von The Joshua Tree (U 2) 1987

40 Jahre Animals (Pink Floyd) 1977

50 Jahre Sgt. Pepper... (The Beatles) 1967

Zeit ist relativ, lach...

Konzertfilm war seiner Zeit voraus (MTV-Clips aus den 80ern war Jaaahre vorher). Der Sänger und der Gitarrenheld waren eine musikalische Symbiose: Robert Plant und Jimmy Page unterhielten sich mit Gesang und Gitarrensoli. Nackte Brust von Robert, Augen stoned und in die Gitarre versunken (Jimmy) - schon wieder Zeitoase. Ach, diese legendären 1970er... Experiment, Idealismus, Naivität = geile Rockmusik. Damals war von den Plattenfirmen einfach sehr viel Geld. Diesbezüglich war alles möglich. Und Mutter hatte meine MC versaut: "No Quarter" aus dem Livealbum abgechillt (ca 1977) und auf einmal 3 Sekunden Deutsche Schlagermusik. Aaaah, Mutter!!!!!!!!!!!!!!!!!!!!!!!!!!!!!!!!!!!! Natürlich auch der Übersong "Stairway To Heaven" - auch heute noch (!) Platz 1 bis 3 bei den besten Songs aller Zeiten! Übrigens: "Stairway To Heaven" (1971) war nie eine Single...

THE LAMB LIES DOWN ON BROADWAY (Genesis)

Bei den Fab Four (The Beatles), Pink Floyd, Neil Young, Kate Bush usw hat sicherlich mehrere Alben! The Wall bis Harvest, Abbey Road bis Achtung Baby usw usw... Und auf jeden Fall meine Band Nr. 1: GENESIS! Am Anfang des Buches sind ja einige Alben genannt. Für mich ist es schwierig. Das Lebensalbum zu nennen. The Lamb ist der kreative Höhepunkt. Es war das letzte Album mit Peter Gabriel. Ich weiß noch, wie ich bei Kumpels hörte und eintauchte. Progrock de Luxe! Oder wie man in den 1970ern sagte: Kulturrock. Die DNA aus dem Album: "Carpet Crawlers". Und eben die anderen Alben: das unterschätzeste Album "and then there were three" mit melancholischer Zeitoase von 1978. Zwischen Lamb und three die 2 LPs mit vier Members (A Trick Of The Tail, Wind & Wuthering), ohne Peter, noch mit Steve Hackett, Phil Collins nun der Sänger, mein Sinnbild von Genesis sind diese 2 LPs, Kellerzimmer bei meinen Eltern, Sonntagmorgen nach dem Frühstück und chillen mit "A Trick Of The Tail" oder "Wind & Wuthering", Alben für die Songtexte lesen, dieses Sinnbild mit "Afterglow", "Blood On The Rooftops", "Mad Man Moon" usw.... Es wird ein letztes Menschlein (schon 2018? 2078? 2219?) das letzte Ohr hören von "Mad Man Moon" und KEIN Mensch in der Ewigkeit NIE MEHR hören! Schall und Rauch & Zeitgeister... Dann kam der PopGenesis: Mama, Land Of Confusion... Tja, der Mainstream wird länger für das letzte Menschlein "I Can´t Dance" lauschen, aber das Epos "Supper´s Ready" ist untergegangen... Open Air in Mannheim 1987 - zumindest für mich - unvergesslich.

der 80er-K-Town, 90er-Techno mit Fabra in Saarbrücken, ein Lebensgefühl gibt. Natürlich die "Studenten"-Kneipe Town, aber die Disco! Mit "You Should Be D gleichzeitiger Abend Old Vienna (die jahrhundertosisco) Damit die Nationalbi Old Vienna ewig ist.) Meine Eltern waren nicht am Verwandten mitkommen - vergessen, ist doch klar. Viele, viele Singles, Maxi-Singles, Mar!! Alben, Disco (Chic), Apropo Chic, VW Käfer, Hinters itz, Bundesw Summer!, Saturday Night Fever (Soundtrack, mit B Autoradio! Old Vienna, Cocaine In My Brain (Dillin wenn ICH kam... Backstew, Susie Q (Credence Cle Made For Loving You (Kiss), ist halt bei mir im Hin

HOTEL CALIFORNIA (Eagles)

Einer der Alben , mal wieder vergessen. Ich hab On The Rooftops" aus meinem Buch (mit "Hotel Country, das ist einfach ein geiles Album. Intere Buch des Autors "Blood On The Rooftops, Teil 2

LEGEND (Bob Marley)

3 MCs für eine Globetrotter-Autoreise. So (P Black Celebration (Depeche Mode), Legend (I Avignon! Vason La Romance! Lloret de Mar! Jobs (Hotels, Discos- Propagandist), aber wir waren einfach zu sp war später eine Freundin/Verlobte. Das Leb weiß, damals in Spanien - und im Winter in

NINA HAGEN BAND (Nina Hagen Band)

GEFÜHLE

Vorbild: Andy Warhol - er ist der Robotermensch... Gefühle tun weh, euphorisch, verli[ebt], weh, Seelenunterhaltung, Erinnerungen, weh, sehr schön für Erlebnisse (durfte ich) - [...] Gefühle sind scheiße.... - Fortsetzung folgt (wegen heute... 25.11.18, 19:39h)

KUNST

Andy Warhol!! (Geburtstag mit 6.8. wie Vater - kennt Andy natürlich nicht, lach ;-))

LIEBE

.... ist nur ein Wort (J.-M. Simmel). Das Buch hatte ich in den 70er Jahren ganz und gar[...] Jahrzehnte später ist die Vorausahnung von Jahrzehnte früher. Der Film auch - Judy [...] ine Freundin (M.B.) hatte das Buch auch. Und im Leben Liebe, Partnerinnen, Freundi[...] der auch nicht mit Einsamkeit, Gefühle, Sehnsucht, Wege oder andere Wege...

[oberer abgeschnittener Text: ...„Alle Menschen sind Brüder"...]

KAPITEL 3

AlzeyKlinik, Bad Bergzabern Oktober/November 2017

KAPITEL 4

Lebenscollage Oktober 2018

KAPITEL 5

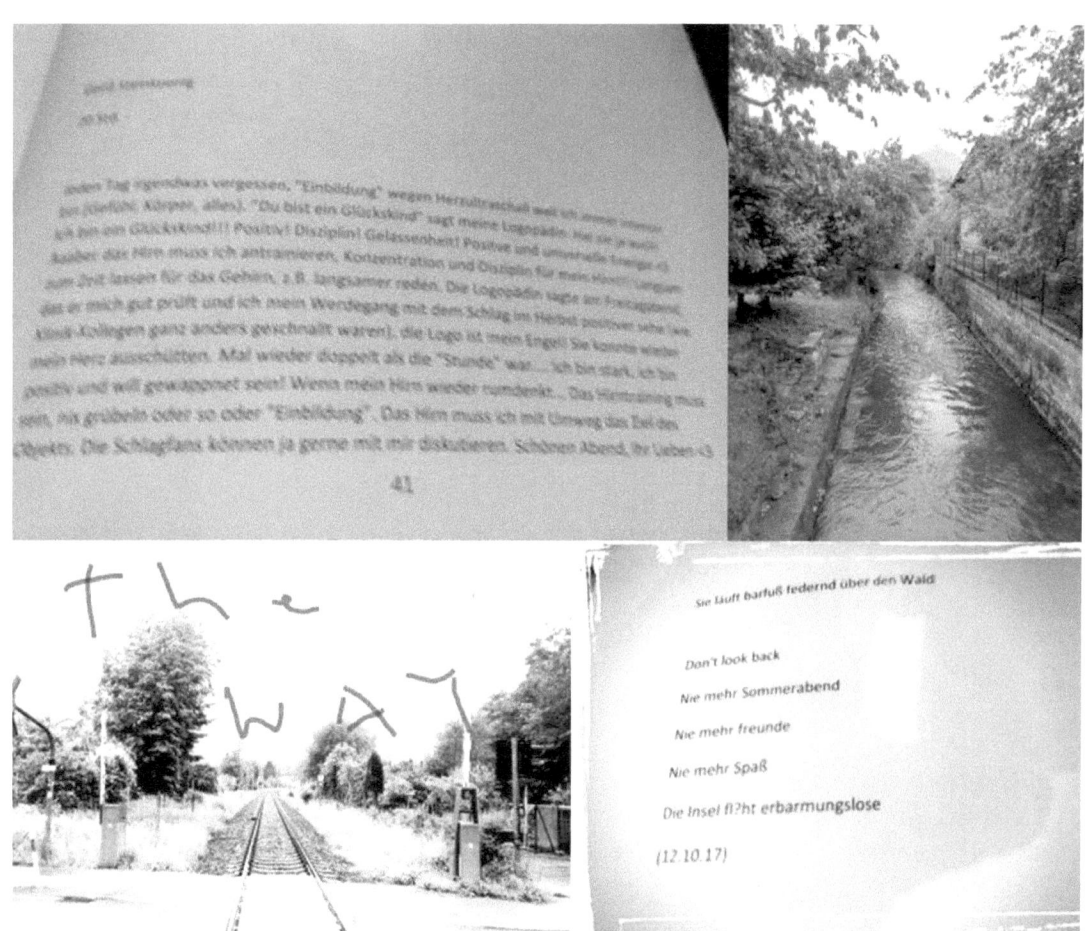

Meine LieblingsProsa

LEBENSSONNE (12. Dezember 2017)

Raus! Sauerstoff! Luft! Blauer Himmel und Sonnenschein... Ich blinzele in die Sonne und vom gelben Lebenssaft pulsiert voller Leben!

Ich beobachte in die Fensternacht, verbreiten Häuser und Lichter, und da, wow! Sterne! Ich habe die Sterne gesehen! Wieder kennenlernen im neuen Leben... Wie ein Kind äuge ich voller Neugierde die Milchstraße...

Freiheit ist ein sensibler Begriff. Nicht nur bla bla von Politik und Freiheit... In der inneren Seele: ICH BIN FREI!

Meine Seele ist unsterblich - mit Lebenssonne, mit unendlichen Sternen, mit Freiheit.

KAPITEL 6

MUSIKLIEBE

DAVOR war sehr viel Musikliebe! Siehe ISBN-Büchern wie "Blood On The Rooftops" etc... Und natürlich meine Sammlungen! Vinyl, CDs, Hefte, Bücher, desweiteren, von 75 Super Oldies-CD-Box bis Live Aid 1985-DVD-Box, von Rocklexikon (rororo 2008) bis Lipstick Traces (von Dada bis Punk), von 500 besten Alben aller Zeiten (Rolling Stone-Printedition) bis Die 100 besten Musiker aller Zeiten (Rolling Stone-Edition) etc etc... Die 3 "Loslassen-CDs" hab ich seit Wochen kreirt: wenn ich allein unter der Brücke wäre, oder allein in der Natur zum nächsten Ort, der Stadt, dem Land... Mit meinen ISBN-Büchern und den no-isbn-Büchern hätte ich in der Aldi-Tüte - und eben diese 3 CDs: Echoes - The Best of (Pink Floyd), R-Kive (Genesis), One (The Beatles)... DIE 3 Bands und MEINE Bücher mit meinen Erlebnissen, Prosaen, Musikzeiten...

DANACH

Ich hab 2 Printmedien erworben - obwohl ich seit Monaten aufgehört hatte. Es ist nicht mehr so, dieser Enthusiasmus. Gleich aufschlagen, wow, was hab ich diesmal. Ist immer geil mit diesen Albenlisten oder History-Sachen (z.B. Led Zeppelin Live aus den 1970ern) oder diese CD-Editions mit de-Luxe-Editions, Remasters, Remixe, Unveröffentlichung aus Jubiläums-Alben... In diesen 2 Heften dann auch 40 Jahre " Breakfast in America" (Supertramp) im Eclipsed (Juni 2019), mit z.B. Popol Vuh, Night Of The Prog, Steve Hackett, Jefferson Airplane etc. Und - Tradition in meinen Büchern - die 40 Jahre alte Charts: "Breakfast in America" in den USA Platz 1, in D Platz 4... Im Rolling Stone (Juni 2019) mit Elton John (25 besten Songs), Pearl Jam (die besten Alben), Rammstein, Bob Dylan (Wiederveröffentlichung von Rolling Thunder Revue 1975), Willie Nelson etc.

UND das sind die 2 letzten Musikhefte... Schon allein aus Platzgründen... Aber ich habe meinen Abschluss mit der RockHistory mit all den History-Berichten, Interviews, Kritiken, Albenlisten etc...

KAPITEL 7

Nachfolgend fb-Notizen 2019!

Die andere Story of Rock... Oder: e-mail an Mrs. P.

Gerd Steinkoenig·Sonntag, 2. Juni 2019

Normalerweise geht "Story of Rock" von der Chronologie mit Elvis Presley, Chuck Berry, The Beatles... bishin mit Taylor Swift, Ed Sheeran, Coldplay... Bei mir wird es anders: Inspirationen durch Mrs. P.! 30 Lebensalben im Buch "Rust Never Sleeps", LEEEBENSALBEN!!!! Haben Sie nicht gerafft. Ach der Kram mit diesen englischen Wörtern... Aber DAS ist das Ding: Leben durch die Musik, durch die Texte, durch die Zeitgeister... Daher diese Lebensalben - in Alzey, in der "Natur Stoned Lebenskrise Klinik"! Freiheit mit dem Vogelschwarm, das Eichhörnchen aus der Dimension... Daher RUST NEVER SLEEPS!!!! Rost schläft nie (Neil Young, mein Seelenverwandter) - Rust Never Sleeps war an der Zimmertafel in der Klinik. Einfach ein Motto für mich. Rust Never Sleeps!

Werte Mrs. P., Sie hören gerne Klassik (ist eigentlich Wiener Klassik 1780 bis 1827) und Jazz (die Nr 1 Miles Davis kennen Sie nicht... Obwohl: Sie haben gehört... "Kind of Blue"... Oder??! Grins...). Rock ist bäh... OK OK, ich habs mittlerweile geschafft, das Sie mit mir zuhören und diskutieren - tatsächlich Pink Floyd gelauscht...

Sie haben einen klitzekleinen Nachteil: Sie sind zu schnell - Wikipedia nur die 2 Zeilen vor dem Inhalt, meine e-mails überflogen und wieder vergessen... Oder haben Sie Pink Floyd gelesen? Wegen The Wall und The Dark Side Of The Moon? Wegen der guten Reputation der Kunst, Musik, Komposition und Statements? In dem Falle durch die menschlichen Naturen?

Ich versuche diverse Standpunkte zu erarbeiten. Wenn Sie es doch nicht gelesen haben, hab ich wenigstens ein Kapitel zum Buch, hahaha... Am Anfang dann tatsächlich Pink Floyd:

Alle nachfolgenden Themen zu Wikipedia (Pink Floyd, Beatles, Led Zeppelin) - danach gehts weiter, wie z.B. Musik-Zeitoase (NUR EINMAL!!)

Pink Floyd war eine 1965 gegründete britische Rockband. Mit ihrer Musik und der visuellen Gestaltung ihrer Platten und Bühnenauftritte schuf sie einen seinerzeit neuartigen Stil. Die Angaben über die Anzahl ihrer verkauften Tonträger schwanken zwischen 260 und 300 Millionen.[4] Pink Floyd gehört damit zu den erfolgreichsten Bands überhaupt. Das Konzeptalbum The Dark Side of the Moon ist das weltweit drittmeistverkaufte Album und das Konzeptalbum The Wall das meistverkaufte Doppelalbum.

Unter der Leitung des ersten Sängers und Gitarristen Syd Barrett gehörte die Band zunächst zur britischen Bewegung des Psychedelic Rock. Nach dem durch Drogenkonsum und psychische Probleme bedingten Ausstieg des Frontmanns entwickelte die Gruppe in der

Besetzung Roger Waters, David Gilmour, Richard Wright und Nick Mason einen eigenständigen Stil mit Einflüssen aus Progressive Rock, Blues, Jazz sowie klassischer und Neuer Musik. Die Texte, die von 1973 (The Dark Side of the Moon) bis 1983 (The Final Cut) komplett von Waters geschrieben wurden, setzen sich oft kritisch mit sozialen und politischen Themen auseinander.

Bedeutung für die Popkultur (The Beatles)

Bis zu den Beatles hatten lediglich Frank Sinatra in den 1940er sowie in den 1950er Jahren Elvis Presley eine ähnliche Welle der Begeisterung und fanatischen Verehrung ausgelöst. Dabei nahmen die Beatles gegenüber den Rolling Stones die Rolle der „braven Jungs" ein und blieben auch textlich noch recht lange dem harmlosen Schlager treu. Doch im Rahmen der geistigen und gesellschaftlichen Veränderungen der späten 1960er Jahre änderten die Beatles ihren Stil. Ab 1965 wurden die Texte, inspiriert durch Bob Dylan,[106] allmählich tiefgründiger und persönlicher. Die Kompositionen und Arrangements wurden zunehmend komplexer.

In Liedern wie She Said, She Said verarbeiteten sie die ab 1966 gemachten Erfahrungen mit LSD. Sie beschäftigten sich mit indischer Spiritualität und bekannten sich 1967 zu dem Guru Maharishi Mahesh Yogi und seiner Meditationstechnik. Letztlich verstanden es die Beatles meisterhaft, sich den jeweiligen gesellschaftlichen Strömungen anzupassen, ohne sich zu sehr zu exponieren. So experimentierten sie zwar 1967 mit psychedelischen Elementen in der Musik, blieben dabei aber wesentlich gemäßigter als etwa Pink Floyd zur selben Zeit. Nicht zuletzt durch ihre Filme – insbesondere durch Yellow Submarine (1968) – übten sie einen nachhaltigen Einfluss auf die Popkultur aus und trugen zur Entwicklung des Musikvideos bei, da sie zeitweise kurze Filme speziell für ihre neuen Single-Erscheinungen drehten und diese an die Fernsehsender schickten. Ihre Clips für Paperback Writer, Rain, Strawberry Fields Forever und Penny Lane waren somit die ersten Musikvideos der Popgeschichte, in denen die Band nicht einfach ihren Song spielte, sondern in denen auch andere Dinge passierten. Allerdings waren sie damals noch auf Film aufgenommen und nicht auf Video. Starr und Harrison sagten später dazu, sie hätten diese Filme gedreht, um ihre Titel nicht mehr live in Fernsehstudios präsentieren zu müssen.[107]

Die Beatles hatten auch hinter dem Eisernen Vorhang ihre Fangemeinde, obschon die Behörden generell die westliche Rock-Musik als subversiv einstuften; Artemy Troitsky, ein Kulturreporter, erklärte die Wirkung der Songs der Band sei tief gegangen. Nikolai Wasin brachte als selbst wohl bekanntester Fan in Russland ein Buch heraus, das diesen kulturellen Einfluss beschrieb. Der Titel des Buches, Rock auf russischen Knochen, ist eine Anspielung auf die Untergrundtechnik der Herstellung von Schallplatten aus alten Röntgenbildern.[108] In Donezk wurde im April 2018 eine seit 2006 existierende Beatles-Skulptur abgebaut.[109][110]

Led Zeppelin [ˌlɛdˈzɛplɪn] (anhören?/i) war eine britische Rockband. 1968 gegründet, gehört sie mit 300 Millionen verkauften Alben zu den erfolgreichsten Bands überhaupt.[1] Der Tod des Schlagzeugers John Bonham im September 1980 markierte das Ende der Band, die mit Sänger Robert Plant, Gitarrist Jimmy Page und Bassist John Paul Jones durchgehend in gleicher Besetzung aktiv war. Musikalisch gehörte Led Zeppelin zu den Pionieren des Hard Rock, Blues Rock, Progressive Rock sowie des aufkeimenden Heavy Metal, verarbeitete aber auch Einflüsse der Folkmusik.

Ach, dann schreib ich wieder... Damit ich es auf den Punkt komm. Diese 3 Beispiele trotzdem aus den Wikis. Bob Dylan (Literatur-Nobelpreisträger durch seine Songtexte), Neil Young, Bruce Springsteen sind die Songwriter mit den American Way of Life. Die einfachen Leute, die Arbeiter, die Künstler, die Politiker, desweiteren, alles dabei mit diesen 3 Ausnahmesongwriter. Beobachtungen, Zeitreisen!

Liebe Mrs. P., was soll ich sagen? Es sind Erinnerungen durch Songs. "If You Leave Me Now" (Chicago) ist Gefühlsduselei, keine Kunst. AABER DER SONG!!!! HACH!!!! Das Mädchen von damals, hahaha... Oder die Konzerte! Udo Lindenberg war (heute noch auch) Theater! Ich konnte gar nicht alles sehen. Eigentlich das 2. Konzert (leider nicht), damit ich alles sehen konnte... Oder Open Air mit Genesis, Pink Floyd, Neil Young, Jethro Tull - die erlauchten Kreise... Zusammengehörigkeitsgefühl von Marillion und Peter Maffay. In den 80ern Umsonst- und Draußenfestivals mit Freunde, neue Freunde, Schlafsack versteckt mit der Freundin - und dabei die Musik! TRIBUTE!!!! Geht das auch mit Klassik und Jazz???!! Mrs. P.??! Tribute war eine schwedische Band. Erwartung! Gehirnsphären! Dann Tribute! Ich hatte EIN Konzert - dann NIE MEHR! Strom weg, alles mucksmäuschenstill, wir waren die Aposteln, Tribute hatte gespielt (war Mix aus Mike Oldfield, Progrock-Genesis, Folk). Erst durch You Tube hatte ich Tribute wieder gehört. In dem Fall scheiße... In einem Leben eine Musik-Zeitoase hören und dann nix!!!! Dann kam halt der moderne Kram...

Liebe Mrs. P., das sind keine langhaarigen Legasteniker. Sie hatten ja noch gemeint, Pink Floyd kann ja sehr gut Englisch artikulieren... Das sind sogar intelligente Menschen: Vokalisten, Instrumentenleute, Pruduzenten, Konzertkunst, Videokunst, Arrangments etc... Zum Teil gleichzeitig! Pop/Chartpop mit Madonna oder Take That ist was anders. Da ist 1) Geld, 2) Musik. Im Rock natürlich 1) Musik, 2) Geld...

Und zum 10000000. mal, werte Mrs. P.: Gemälde mit Dali oder Picasso, Bücher mit "Der Herr der Ringe" oder "Die Bibel", Klassik mit Beethoven oder Bach, und eben Kunst im 20. Jahrhundert durch The Beatles oder Chuck Berry...

C P 2. Juni 2019 Gerd Steinkoenig Gerd F Steinkoenig Gerd Gerd Bilder, Weisheiten, Sprüche by Gerd Steinkoenig

Meine 4 Jahre im ganzen Leben (2015 - 2019) - heute vor genau 4 Jahren!

Gerd Steinkoenig·Samstag, 1. Juni 20193 Mal gelesen

Heute vor genau 4 Jahren! Sprung über die Schlucht... Umzug... Auf nach Annweiler! Vorfreude! Neugierde! Lebensfreude! Das geile Universum! Die idyllische Natur! Die tollen Freunde! Für mich ist es eine Ewigkeit. Da sind immer diese "fb-Erinnerungen" - vor 4 Jahren: in 3 Tagen Countdown, in 2 Tagen Countdown..., die letzten KL-Fotos, die Dokumentationen, die letzten 10 Stunden mit Molly im Revier... Enthusiasmus im Zug nach Annweiler... Hallo, ich bin daaaaa!!!!

In diesen 4 Jahren hatte ich ALLES in meinem Leben! Unabhängigkeit, Freiheit! Vater meinte: "Du bist jetzt endlich erwachsen"... Planungen mit meiner Wohnung - leider ging es nicht richtig, also es war anders. Trotzdem! Geile Erlebnisse, z.B. legendäre XMas-Feier am Heilig Abend 2015 (Vollmond, Freunde, kotzen wegen saufen - ich schäme mich heute noch...), z.B. diverse Partys inkl. "der Garten" (3 Landauer Schnäpse...Ououou...), und dann aber auch meine Planungen und Ziele. Ich hatte endlich meine Berufung zum Seniorenbetreuer. 2016 viel Ehrenamt und Praktika und Januar 2017 bis März/April 2017 zum A-Arbeitsvertrag! Keine Zeitarbeit oder sonstwas, sondern unbefristet und A!! Das kennt Ihr - wenn Ihr möchtet, lach - wenn Ihr von meinem 1.Buch "Blood On The Rooftops" lest. Da waren ja fb-Notizen aus vielen Jahren, auch von 2015, 16, 17. Da merkt Ihr diese Lebensfreude. Es war einfach geil! Wenn ich an KL 2013 denke, da war Ende von KL. 2014 natürlich durch "meine Nr. 1" die erste Sonne (Sommersonnenwende!!), danach 2015 mit dem Umzug und wie gesagt mit Seniorenbetreuer. Und dann wars scheiße!

Mobbing zu dieser XXXXX-Frau und ruckzuck Entlassung. Da hab ich gemerkt, das meine Berufung für meine dankbaren Bewohner/innen gut war, aber nicht für diese MobbingfXXX. Es musste 08/15 sein, stromlinienförmiger Mainstream. Die Bewohner waren für mich individuell, für die Admins war das dann halt scheiße. Die Chefin war wohlgesonnen! Aber sie war krank - zu der Zeit wo dann die MobbingfXXX... Muss aber auch sagen: einige Betreuer/innen waren absolut super!! Aber... Ich dachte, ok, zu dem und dem den nächsten Job bewerben etc. Und dann Schlaganfall! Ich weiß, blablabla... Psychologin, "Betreuerin"/Anwältin, Unfreiheit etc...

Aber natürlich, ich kriegs besser: Kampf! Mut! Wille! Disziplin! Stärke! Zuversicht! Gelassenheit! Liebe! Und natürlich: kein Alkohol, kein Rauch, safety first Gesundheit!

C P 01. Juni 2019 Gerd Steinkoenig Gerd F Steinkoenig Gerd Gerd Bilder, Weisheiten, Sprüche by Gerd Steinkoenig

A Day In The Life mit ungleicher Zeit

Gerd Steinkoenig·Mittwoch, 5. Juni 2019

Das Tor in die weite Welt

Leben mit ungleichen Zeitdimensionen

A Day In The Life

PN-Time Out von altem Leben

GMX-Time Out von Mrs P

Neue Tür mit neuer fb-Freundin

Kunst

Lebensneugier

Film

Leben mit ungleichen Zeitdimensionen

Früher

Na klar

Mach ich

Heute

Träume sind kreativ

Geht aber nicht

Oder doch

Positive Energie

So viele kreativen Kreationen

So viele Lebensvariationen mit Wegen und Kurven

Und Gott lacht sich kaputt

A Day In The Life

"Nun wissen sie wie viele Löcher notwendig sind, um die Albert Hall zu füllen"

C P Gerd Steinkoenig Gerd F Steinkoenig Gerd Gerd Bilder, Weisheiten, Sprüche by Gerd Steinkoenig 05. Juni 2019

Weitere Meldungen wurden geladen.

30.05.19 - Anfangs scheiße (z.B. Wal-Massaker), zum Schluss mein Lieblingsgedicht (Ribbeck)!

Gerd Steinkoenig·Donnerstag, 30. Mai 2019

6. Wal-Massaker 2019 ("Tradition" im blutgetränkten Meer) an den Färöer-Inseln, Fluorid

offiziell Nervengift (Neurocotin) in den Zahnpasten, Wolfsbild: "ich will doch nur leben", warum Hanf verboten wurde oder die Geschichte der Verschwörung (Konkurenz zu Kunststoff etc) - war alles heute in der Chronik... Gestern war noch in der Chronik: Chinesen kaufen in Deutschland ganze Wälder (China schon leer geforstet). Und noch mehr, wie z.B. AKK (alt) = analog, Rezo (jung) = digital etc...

Was ein Scheiß! Das Raumschiff Erde treibt mit 108000 km in pro Sekunde in der Umlaufbahn - ein WUNDER! Und was ist in den Menschen? Siehe Momentums oben...

Nun bin ich zur Ablenkung von naiver Art: in der Schule in den 1970ern hatte ich Gedichte! War nicht mein Ding... Die Jungen wissen das ja nicht... Aber dieses Gedicht war mein Lieblingsgedicht - hatte ich sogar gelernt damals!!!! Ist jetzt Übernahme - natürlich vergessen, lach...

Herr von Ribbeck auf Ribbeck im Havelland,

Ein Birnbaum in seinem Garten stand,

Und kam die goldene Herbsteszeit

Und die Birnen leuchteten weit und breit,

Da stopfte, wenn's Mittag vom Turme scholl,

Der von Ribbeck sich beide Taschen voll,

Und kam in Pantinen ein Junge daher,

So rief er: »Junge, wiste 'ne Beer?«

Und kam ein Mädel, so rief er: »Lütt Dirn,

Kumm man röwer, ick hebb 'ne Birn.«

So ging es viel Jahre, bis lobesam

Der von Ribbeck auf Ribbeck zu sterben kam.

Er fühlte sein Ende. 's war Herbsteszeit,

Wieder lachten die Birnen weit und breit;

Da sagte von Ribbeck: »Ich scheide nun ab.

Legt mir eine Birne mit ins Grab.«

Und drei Tage drauf, aus dem Doppeldachhaus,

Trugen von Ribbeck sie hinaus,

Alle Bauern und Büdner mit Feiergesicht

Sangen »Jesus meine Zuversicht«,

Und die Kinder klagten, das Herze schwer:

»He is dod nu. Wer giwt uns nu 'ne Beer?«

So klagten die Kinder. Das war nicht recht -

Ach, sie kannten den alten Ribbeck schlecht;

Der neue freilich, der knausert und spart,

Hält Park und Birnbaum strenge verwahrt.

Aber der alte, vorahnend schon

Und voll Mißtraun gegen den eigenen Sohn,

Der wußte genau, was damals er tat,

Als um eine Birn' ins Grab er bat,

Und im dritten Jahr aus dem stillen Haus

Ein Birnbaumsprößling sproßt heraus.

Und die Jahre gingen wohl auf und ab,

Längst wölbt sich ein Birnbaum über dem Grab,

Und in der goldenen Herbsteszeit

Leuchtet's wieder weit und breit.

Und kommt ein Jung' übern Kirchhof her,

So flüstert's im Baume: »Wiste 'ne Beer?«

Und kommt ein Mädel, so flüstert's: »Lütt Dirn,

Kumm man röwer, ick gew' di 'ne Birn.«

So spendet Segen noch immer die Hand

Des von Ribbeck auf Ribbeck im Havelland.

Homepage "von Ribbeck"

TREUE

Gerd Steinkoenig·Sonntag, 26. Mai 2019

Das einzige Lebewesen mit Treue und Liebe für mich ist meine Katze Molly! Gerd's Katze

Molly hat ihre eigene Seite. Wenn ich schlecht gelaunt bin oder ich habe zu viele Gedanken, nervt natürlich mein Katzenmädchen. Bin dann mal laut... Und schimpfe z.B. fürs Futterchen (sie ist ja die Futterchen-Diva...). Und was macht das Katzenmädchen? Lautlos ist sie in meinem Schoß... Oder urplötzlich geborgen in der "Bett-Mulde": hinter meiner Kniekehle (Herdentier... Warm... Naturmäßig...). Oder voller Treue mit schmusen auf meiner Brust: Gesicht zu Gesicht und schmiegen... Voller Liebe... Sie ist dankbar fixiert zu mir. Für sie war es sehr schön für das Revier voller Natur und Lebensfreude und Freiheit in K-Town. In AW anfangs ein bisschen, aber sie hatte zu viel Angst. Jetzt ist sie halt Stubentigerchen. Für die Molly ist das normal. Wenn das Katerchen Gerd gemacht hat, dann ist es so! Hauptsache Futterchen, Geborgenheit, schmusen, schlafen... Mittlerweile ist sie gut 14 Jahre alt. Und sie ist immer treu! Wir waren getrennt wegen Umzug, Klinik etc. Aber sie ist in liebevoller Treue fürs Katerchen...

C P 26. Mai 2019 Gerd Steinkoenig Gerd F Steinkoenig Gerd Gerd

Königspinguin, Menschebene, da Vinci!

Gerd Steinkoenig·Mittwoch, 22. Mai 2019

Der Mensch Steinkönig war vorher Königspinguin! In der Dynastie war ich in den höchsten Ebenen der Skorpion - im Mensch SkorpionSternzeichen, oder chinesische Sternzeichen Schwein. Ich bin als Schwein geschlachtet. Ganz früher in der Lebenschronologie war ich ein kleines Mäuschen, abgequikt durch die Katze... In der Hierachie bin ich weit gekommen: ich weiß aber nicht, ob Löwe oder Geopard oder Hirsch! Natürlich auch als Weibchen. Ich weiß nicht, ob ich erinnern kann. Wahrscheinlich war ich als Baum oder Bäumin als Pflanze: als Mensch verliebt in die Trauerweide. Und jetzt hat die Zeit anno 1959 die Hierachie mit neuer Ebene als Mensch neu geboren. Das erste Mal? War mein Gehirn nicht lebensfähig, dafür als Prüfung die Krankheiten heingesucht? Dann in die untere Ebene, als Panda oder Wal - oder gerade deshalb, ab als Maus für die Katze und der Schlange... Oder kein Weg zurück: das erste Mal Mensch, dann zum 2. mal, 5. mal, 9. mal??! Die Symbiosen von Tier und Mensch haben ihre Wege, Sinne, Schicksale, Vorhersehungen, überall. Unterschiede zu Gott, Glaube, Universum von/über Tier und Mensch! Tiere sind voller Treue und Liebe zu bösen, gewalttätigen Menschen - nur als Beispiel.

Annweiler am Trifels, März 2018

Fotos - Titel: Bad Bergzabern 2017 (Kunst mit Frau), Klappentxtfoto: Alzey 2017 ("Queen" mit Puzzle)

War inoffizieller Klappentext zum no isbn-Buch "Zeitlose Sonne in der Stadt". War gut 1 Jahr. Ich war ganz anders drauf. Gedankenoase wie diesen März 2018-Aufsatz. Wenn nicht aufbewahrt, einfach vergessen. Vielleicht wirklich gut für die Menschheit oder einfach Blödsinn oder vergessen... Schall und Rauch... Bücher in einer Ecke... 7 ISBN-Bücher in der Nationalbibliothek und einfach vergessen. In den 100000000000 Windungen und Synapsen durch die elektronischen Adern. Die Art und Weise von Mensch X im Jahr 1929 oder 1975 oder 2000 oder 1561 - einfach vergessen, Schall und Rauch... Es sei denn Berühmtheiten, vielleicht waren sie Arschlöcher, aber durch die "Medien des 17. Jahrhunderts" war dann doch der Maler oder Schriftsteller oder Komponist oder Erfinder en vogue... Leonardo da Vinci ist im Endeffekt ein Hochstapler! Er wäre DAS Genie gewesen... Er war ein Träumer und hat 3 berühmte Gemälde kreirt - sonst nix...

C P 22. Mai 2019 Gerd Steinkoenig Gerd F Steinkoenig Gerd Gerd

Gedankenfetzen über 1966, 1974 - und Deutschland 2019 ist scheiße!

Gerd Steinkoenig·Mittwoch, 8. Mai 20192 Mal gelesen

Vor ein paar Minuten BRAVO-Jahrescharts 1966 gepostet, zu letzt von den BRAVO-Charts 1974. Es ist schon Wehmut! Was waren das für Zeiten! 1966 bisschen aufmüpfig - trotz Roy Black oder Freddy (hahahha), aber natürlich mit den Beatles. Da war sehr viel Obrigkeit an Lehrer, Ärzten Pfarrer, Polizisten. Ich weiß noch z.B. mit den Sonntagsanzügen. Aber da war sehr viel Respekt und Anstand! 1974 war nur 8 Jahre später, aber doch ein bisschen anders. NACH 68er, bisschen mehr frecher bei den "Teenies" (nicht mehr Beat, sondern GlamRock mit Sweet). Aber auch da: Respekt! OK, bisschen weniger Anstand, da war mehr Freiheit. Es waren weniger Medien: größerer Zusammenhalt der Kumpels oder Schüler. Es gab nur ARD/ZDF. Die Leute haben am Montagmorgen dann erzählt über die Shows oder Serien. Donnerstags BRAVO!! Die Leute mit einem Heft und Menschentraube, lach. Haste schon gesehen. Die Susan ist heute wieder geil, lach. In den 1970ern wurden die Kirschbäume oder Apfelbäume "geerntet" (von den Kindern die Früchte geklaut), spielen im Sauerstoff!! Heute kennen das die Smartphone-Looser gar nix!

Heute ist Deutschland scheiße! Lehrer, Polzisten, Feuerwehrleute, RotKreuzLeute werden beschimpft, bespuckt, geschlagen. Heute ist kein Respekt, kein Anstand, Deutschland ist scheiße! Früher hatte man in der Bonner Republik Politiker mit Niveau und Idealismus. Heute? Pah!

C P 08. Mai 2019 Gerd Steinkoenig Gerd F Steinkoenig Gerd Gerd

Zeitgeist ARD in den 1970ern

Gerd Steinkoenig·Sonntag, 5. Mai 2019

Ende der 1970er Jahre... ARD-Musikladen... Go Go-Girls mit nackten Brüsten... In der ARD!!... War ja damals geil: ARD-Rockplalast-Nächte (Konzerte von Rory Gallagher bis The Who bis Little Feat...)... Anarchie - in den 70ern - mit der ARD-Serie "Ein Herz und eine Seele" (Politik ohne Tabu)... Oder ARD-"Klimbim" (Ingrid

Steeger! Nackte Brüste!)... Esperiment und Idealismus mit "Bios Bahnhof" (Papiermusik, Debut von Kate Bush) oder Samstagabend-Show "Wünsch Dir was" (ca 1970, durchsichtiges Kleid... Brüste...). Und in der ARD (auch natürlich ZDF) gabs 70er-US-Serien: in der ARD z.B. Columbo, Kojak, Cannon... Und tolle Familienshows wie "Am laufenden Band"...

Und heute? Nur stromlinienförmigen Mainstream-Scheiß! Manchmal coole Serien (Babylon Berlin! Charite!). Ansonsten: Zwangs-Pay-TV - ich muss es vom Staat her halt machen...Stichpunkte von ARD 2019: Tatort, Sportschau, Tatort, Kai Pflaume, Tatort... Das wars...

05.05.2019 C P Gerd Steinkoenig Gerd F Steinkoenig Gerd Gerd

KAPITEL 8

Waren Ausschnitte aus meinem Mai/Juni 2019-Momentum. Viele weitere Notizen im facebook - "ewig" in den Elektrotiefen... Das eine noch ist die Notiz mit

GERDSCHE AWARD - die etwas andere LifetimeGewinner, lach...

Weitere Meldungen wurden geladen.

GOLDENE GERDSCHE-AWARD! Musik, Serien, Filme, Bücher!

Gerd Steinkoenig·Montag, 6. Mai 2019

Ist wie bei der "Bravo"... Robert Plant ist Led Zeppelin, aber nicht bei den Sängern oder so.... Hahaha... Sehr viel Musik, aber dann Lebenswege durch Serien, Filme, Bücher... Erinnerungen an Genesis oder Nina Hagen, Memories an Menschen wie "Liebe ist nur ein Wort" oder "Taxi Driver" oder 2 Neil Young-Konzerte innerhalb von 2 Wochen oder Miami Vice in den 80ern... Die 3 Olymps? Die 1. Abteilung: "Musikbands"... Mit Abteilungen von SciFi-Serien bis Teeniekram...

1) MUSIK!

MUSIKBANDS

GOLD - GENESIS, SILBER - PINK FLOYD, BRONZE - THE BEATLES

SÄNGERINNEN

GOLD - KATE BUSH, SILBER - SADE, BRONZE - JANIS JOPLIN

SÄNGER

GOLD - DAVID BOWIE, SILBER - NEIL YOUNG, BRONZE - BOB MARLEY

US-LIFE IN DEN JAHRZEHNTEN (TEXTE)

GOLD - NEIL YOUNG, SILBER - BRUCE SPRINGSTEEN, BRONZE - BOB DYLAN

MUSIKDEUTSCHLAND

GOLD - KRAFTWERK, SILBER - BAP, BRONZE - NINA HAGEN

HARDROCKBANDS

GOLD - LED ZEPPELIN, SILBER - DEEP PURPLE, BRONZE - RAINBOW

METALBANDS

GOLD - METALLICA, SILBER - AC/DC, BRONZE - GUNS N ROSES

DEUTSCHLANDGEMEINSCHAFT

GOLD - BÖHSE ONKELZ, SILBER - TON STEINE SCHERBEN, BRONZE - UDO LINDENBERG

COUNTRY COUNTRYROCK

GOLD - EAGLES, SILBER - JOHNNY CASH, BRONZE - JOHN DENVERFRE

JAZZ

GOLD - MILES DAVIS, SILBER - JOHN COLTRANE, BRONZE - ELLA FITZGERALD

POP

GOLD - MADONNA, SILBER - PET SHOP BOYS, BRONZE - PRINCE

DANCE

GOLD - DONNA SUMMER, SILBER - BEE GEES, BRONZE - EARTH WIND & FIRE

PUNK NEW WAVE

GOLD - THE POLICE, SILBER - SEX PISTOLS, BRONZE - DEAD KENNEDYS

SCHWEDEN

GOLD - ABBA, SILBER - ROXETTE, BRONZE - ACE OF BASES

KOMPONISTEN

GOLD - LENNON / MCCARTNEY (THE BEATLES)

SILBER - JAGGER / RICHARDS (ROLLING STONES)

BRONZE - LEIBER / STOLLER (1950er JAHRE, ROCK n ROLL-HITS)

PROGRESSIVE ROCK (1970er)

GOLD - GENESIS, SILBER - PINK FLOYD, BRONZE - YES

2) TV-SERIEN

SERIEN INTERNATIONAL

GOLD - MIAMI VICE, SILBER - COLUMBO, BRONZE - DALLAS

SERIEN NATIONAL

GOLD - DER KOMMISSAR, SILBER - SCHIMANSKI (TATORT), BRONZE - BABYLON BERLIN

ZEICHENTRICKSERIEN

GOLD - THE SIMPSONS, SILBER - TOM & JERRY, BRONZE - PINK PANTHER

SCI FI-SERIE

GOLD - STAR TREK-SAGAS, SILBER - BABYLON 5, BRONZE - MONDBASIS ALPHA

TEENIEKRAM

GOLD - FOLLYFOOT FARM, SILBER - EINE AMERIKANISCHE FAMILIE, BRONZE - DER BASTIAN

KINDERKRAM

GOLD - FLIPPER, SILBER - DAKTARI, BRONZE - FAMILIE FEUERSTEIN

1970er KRIMISERIEN

GOLD - COLUMBO, SILBER - KOJAK, BRONZE - DIE STRAßEN VON SAN FRANCISKO

3) FILME

GOLD - DAS SCHWEIGEN DER LÄMMER, SILBER - EINER FLOG ÜBER DAS KUCKUCKSNEST, BRONZE - SHINING

UND WEITERES AN BRONZE: WENN DIE GONDELN TRAUER TRAGEN, SPIEL MIR DAS LIED VOM TOD, KNOCKIN ON HEAVENS DOOR, TAXI DRIVER, CASABLANCA, DER MALTESER FALKE, EASY RIDER, CONVOY, FLUCHTPUNKT SAN FRANCISKO (ORIGINAL!!!!), ROLLERBALL (ORIGINAL!!!!), DIE FEUERZANGENBOWLE, DIE VÖGEL

4) BÜCHER

GOLD - DIE GUTE ERDE (PEARL S BUCK), SILBER - DER KLEINE PRINZ (ANTOINE DE SAINT EXUPERY), BRONZE - LIEBE IST NUR EIN WORT (J-M SIMMEL)

C P 06. Mai 2019 Gerd Steinkoenig Gerd F Steinkoenig Gerd Gerd

SCHLUSSWORT

Herstellung und Verlag:
BoD - Books on Demand, Norderstedt
ISBN 978-3-7412-9243-9